VENTE A PARIS
Le Mercredi 20 Avril 1904
HOTEL DROUOT, SALLE N° 7

MONNAIES ET MÉDAILLES DE LORRAINE

MONNAIES COLONIALES

MÉDAILLES ET JETONS

Monnaies Antiques

Commissaire-Priseur:	*Expert*.
Me MAURICE DELESTRE	M. ETIENNE BOURGEY
5, RUE SAINT-GEORGES, 5	19, RUE DROUOT, 19

PARIS

MONNAIES ET MÉDAILLES DE LORRAINE

MONNAIES COLONIALES

MÉDAILLES ET JETONS

Monnaies Antiques

VENTE AUX ENCHÈRES PUBLIQUES

A PARIS, HOTEL DES COMMISSAIRES-PRISEURS, RUE DROUOT, 9

SALLE N° 7, AU PREMIER ÉTAGE

Le Mercredi 20 Avril 1904

A DEUX HEURES PRÉCISES

EXPOSITION PUBLIQUE UNE HEURE AVANT LA VENTE

COMMISSAIRE PRISEUR:	EXPERT:
Me MAURICE DELESTRE	M. ETIENNE BOURGEY
5, rue Saint-Georges	*19, rue Drouot*

PARIS

Exposition particulière :

Les 18 et 19 Avril, chez M. Etienne Bourgey, expert, 19, rue Drouot. (Téléphone 274-64.)

Exposition publique :

Le Mercredi 20 Avril, Hôtel des Ventes, salle 7, une heure avant la vente.

La vente aura lieu au comptant.

Les acquéreurs paieront dix pour cent en sus des enchères.

L'exposition mettant les acheteurs à même de juger de l'état des pièces, aucune réclamation ne sera admise aussitôt l'adjudication prononcée.

M. Etienne Bourgey, 19, rue Drouot, se charge, aux conditions habituelles (5 o/o sur la limite), des commissions qui lui seront confiées.

L'ordre du catalogue sera suivi ou non. L'expert se réserve le droit de diviser ou de réunir les lots.

Il sera toujours répondu aussitôt aux demandes relatives aux ventes aux enchères ainsi qu'à tout autre renseignement que MM. les amateurs voudront bien nous demander.

Imprimerie C. Chaufour, 8-10, rue Milton, Paris.

MONNAIES DE LORRAINE

1 Mailles. *Matthieu II. Ferri III. Ferri IV.* Esterlin de *Ferri IV* etc., etc. Ens 7 p.

2 *Ferri IV.* Cavalier. ℞. Epée en pal. Arg. double denier, TB. — + TVRONVS. DVCIS. Châtel tournois dans une bordure de 12 lis. ℞. BNDICTV, etc., et PHIRICVS DEVX. Croix pattée. Arg. gros tournois. TB. rare. — Tête de face. ℞. LVN-TOL-ENG-IEN. Croix cantonnée de 12 globules. Arg., esterlin. Ens. 3 p. Arg.

3 *Jean Ier.* Ecu écartelé de Lorraine et de Blois. ℞. + MARIE-DUCHESSE MAINBOVRS DE LA DVCH. En 2e lég. : MONETA. DE. NACEI. Croix cantonnée de 4 couronnes. Arg. grande plaque, 2 var. — Autre. ℞. SIT. NOMEN., etc., même type. Arg. grande plaque. — Même lég. avec LOTH. Epée en pal sur un écu de Lorraine. ℞. BNDICTV, etc., et MONETA DE NANCEIO. Croix. Arg. Grande plaque, B. rare. — Aigle sur l'écu de Lorraine. ℞. Epée entre 2 roses. Arg. gros. TB. — Autre, sans l'aigle, demi-gros. Bill. Ens. 6 p. Arg. et bil.

4 Ecu de Lorraine. ℞. Epée en pal entre 2 alérions. Arg. gros. B. rare. — Autre, écu dans 6 arcs de cercle. ℞. MONETA SIERK. Croix. Arg. Gros. B. — Autre. Le duc debout, portant l'écharpe de Lorraine. Arg. gros. B. — Autre. Ecu penché, sous un heaume. Gros. TB. — Même écu. ℞. Même lég. variée. Croix. Arg. obole. — Autre. Alérion. ℞. Epée entre 2 roses. Arg. Obole — IOHANNES MARCHIO. Bande de Lorraine dans un quadrilobe. ℞. DVX LOTHORINGIE Epée accostée de 2 alérions. Arg. tiers de gros, B. Rare. Ens. 7 p. Arg. B et TB.

5 *Charles II.* KAROLVS. DVX. LOTHOR. Z. M. Le duc armé debout. ℞. + BENEDICTV. etc., et GROSSVS. DE NANCEY. Croix. Arg. gros. TB. Rare, 2 p. — Autre, lég. et type variés. ℞. MONETA. FCA. IN. NANCEY. Croix cantonnée de 2 K et 2 alérions. Gros. Arg. TB. Rare. Ens. 3 p.

6 Autre. Cavalier à g. ℞. Même lég. Croix fleuronnée. Arg. Gros. — Autre. Ecu de Lorraine dans 6 lobes. ℞. MONETA SIERK. Croix. Gros. — Autre, Heaume avec l'alérion sur l'écu penché. Arg. Gros. — Autre, Lion accroupi tenant une épée et l'écu de Lorraine. Arg. Gros. 2 p. — Ens. 5 p. Arg. B.

7 *René Ier*. Le duc debout, Arg. Gros. — Lég. variée. Ecu sur une épée en pal. Arg. Gros. — Lég. variée, armes remplissant le champ. ℞. Epée entre un bar et un alérion. Arg. Gros, 2 var. — Ens. 4 p. Arg. B.

8 *René II*. Ecu couronné et écartelé de Lorraine. ℞. Bras armé. Arg. plaque, 2 variétés, et demi-plaque, 2 var. — + ℞. DVX LOTORINGIE. Ecu à la bande, dans un trilobe. ℞. MONETA DE NANCEI. Epée entre 2 écus. Arg. denier. — Lég. variée. Ecu couronné, parti de Lorraine et de Bar. ℞. Lég. var. Epée en pal. Arg. Quart de plaque. — Ens. 6 p. Arg. B.

9 *Antoine*. + ANTHONIVS : D : G : LOTHO + ET : BARI : DVX. Buste couronné et cuirassé à g., tenant l'épée. ℞. Sans lég. Ecu couronné de Lorraine dans un grenetis, entouré de 6 écus couronnés et 2 sans couronne. Arg. Grand écu. TB et T. Rare.

10 Buste couronné à g. ℞. MONETA. NANCEII. CVSA. 1527. Ecu de Lorraine couronné. Arg. Teston. — Autre 1535. — Autre. ℞. Sans lég. 1513. Ecu couronné entre 2 croix de Lorraine. Arg. Quart de Teston. — + FECIT. etc. Bras armé. Arg. plaque. — 1/4 de plaque. — Denier. — Ens. 6 p. Arg. B.

11 *François Ier*. + FRANCISCVS. D. G. LOTHO. B. Z. GLD. D. Buste couronné à g. ℞. MONETA. NANCEII. CVSA. 1545. Ecu couronné de Lorraine. Arg. Teston. Rare.

12 *Charles III*. CAROL. D. G. CAL. LOTH. BAR. GEL. DVX. Ecu couronné entre 2 croix de Lorraine. Au-dessus 1587. ℞. + DA MIHI. VIRTV. CONTRA. HOSTES. TVOS. Croix de Jérusalem cantonnée de 4 croisettes, dans un entourage de 8 lobes. Or. double pistole. TB et T. Rare.

13 + CAROL : D : G : CALA : LOTHO : BARGVEL : DUX. Son buste imberbe cuirassé à dr. ℞. Sans lég. Ecu couronné entouré de 7 écus couronnés. Au bas 1557. Arg. Ecu-tallard. TB. Rare.

14 — Variété avec CARO. D. G. CAL et GEL. Buste cuirassé, avec barbe naissante. ℞. Le précédent, daté 1569. Arg. Ecu TB. Rare.

15 — Autre avec B. GEL. DVX. Sous le buste 1575. ℞. MONETA NANCEII CVSA. Ecu couronné de Lorraine. Arg. Ecu TB. Rare.

16 CAROLVS. D. G. CAL. LOTHAR. BAR. GEL. DVX. Buste vieilli à g. avec collet et cuirasse. Sous le bras 1603. ℞. MO. NOVA.

NANC. CVS. Ecu plein de Lorraine, surmonté d'un heaume couronné somme d'un alérion, sur un manteau d'hermine, et supporté par deux aigles couronnés. Arg. Ecu, TB et T. Rare.

17 CARO, etc. Buste à dr. ℟. MONETA, etc. Ecu de Lorraine. Arg. teston, 3 var. — Autre. L'écu entre 2 croix de Lorraine. Arg. 1/4 de teston, 2 var. — Ens. 5 p. Arg.

18 Autre, buste enfantin couronné. Arg. Teston. Sol. 2 p. — Autre, tête vieillie. Arg. teston. — Autre, daté 1581. Arg. teston. — Divisions, 5 p. Arg et Bill. — Ens. 9 p. Arg. et bill.

19 *Henri.* HENRI. D. G. etc. Armes de Lorraine remplissant le champ. ℟. MONETA. AVREA NANCEII. C. Saint-Nicolas. Or. florin.

20 *Charles IV et Nicole.* CAR. ET. NIC. D. G. DVC. LOTH. MARC. C. B. G. Leurs bustes accolés à dr. ℟. MONETA. NOVA. NANCEII. CVS. 1624. Ecu de Lorraine couronné. Arg. teston, rare. — Alérion. ℟. Cartouche couronné. Bill. — Ens. 2 p.

21 *François* II. FRANC. II. D. G. DVX. LOTH. MARCH. D. C.B.G. Son buste à dr. ℟. Ecu couronné. Teston, rare. — Autre de 1628. Teston. — *Nicolas-François.* N. FRANC. D. G. etc. Buste à dr. ℟. Ecu couronné. Teston. rare. — Ens. 3 p. Arg.

22 *Charles IV.* Buste habillé, 1626. Arg. Teston. — Autre de 1627. Billon. — Buste habillé. ℟. MONETA. NOVA. ROMARTI. CVSA. 1638. Ecu plein couronné. Arg. teston. B. Rare. — Ens. 4 p. Arg. et bill.

23 *Charles IV* (rétabli). CAR IIII DG DVX LOTHA. ET. BAR. Tête laurée à dr. Sous le cou, 1663. ℟. SIT. NOM. DOM. BEN. Croix formée par 4 chiffres du duc couronnés ; au centre, la croix de Lorraine. Or. FDC. très rare.

24 Autre, daté 1662. ℟. CHRS. REGN. VINC. IMP. Croix formée de 8 C et de quatre couronnes. Au centre la lettre A. Or. FDC. très rare.

25 Même lég. Buste drapé et lauré. ℟. + SIT. etc. 1665. Ecu aux 3 alérions couronnés. Au-dessous A. Arg. 1/2 écu. TB. Rare.

26 Buste drapé. ℟. MONETA, etc. 1663. Arg. teston. — Autre, daté 1669. Arg. teston, B. — Autre, daté 1665. Arg. demi teston. — Ens. 3 p. Arg. B.

27 *Léopold I.* LEOPOLDVS. I. D. G. LOT. BAR. REX. IE. Tête laurée à dr., dessous 1719. ℟. TV. DOMINE. SPES. MEA. Ecu simple de Lorraine avec couronne fermée. Or. double Léopold. FDC. Rare.

28 LEOP. I. etc. Tête laurée, dessous 1702. ℟. TV. etc. Croix formée de 8 L adossés et couronnés. Au centre, la bande de Lorraine. Or. Léopold. TB. Rare.

29 LEOPOLDVS, etc., Tête laurée ; dessous 1717. ℟. TV. etc Croix formée de 4 écussons couronnés, alternés de Lorraine et de Bar. Or. double Léopold. B. Rare.

30 LEOP. I. etc. Tête laurée : dessous 1724. ℟. TV. etc. Ecu plein de Lorraine, couronné. Or. Léopold. TB. Rare.

31 LEOP. I. etc. Buste drapé à dr. ℟. IN TE DOMINE SPERAVI. 1704. Ecu orné et couronné parti de Lorraine et de Bar. Arg. Ecu. Rare.

32 LEOPOLDVS I. etc. Buste drapé. ℟. IN. TE. etc. 1710. Ecu couronné aux trois alérions, cerné de palmes. Arg. écu. Rare.

33 ℟. IN. TE. etc. 1724. Ecu plein. Arg. écu ou aubonne. TB. — Autre. ℟. IN. TE. etc. 1726. Croix formée de 8 L couronnés, Arg. écu. TB. Rare. — Ens. 2 p.

34 IN. TE. etc. 1719. Ecu couronné à la bande de Lorraine. Arg. demi écu. — Variété. 1706. Arg. quart d'écu. — Autres : 1702, Ecu plein. 1712, croix pattée. 1717, Croix de Jérusalem. 1722. Ecu parti de Lorraine et de Bar. Quarts d'écus. — Ens. 6 p. Arg.

35 1725. Ecu plein couronné ; demi-écu aubonne, rare. — Autre 1725 ; quart d'écu aubonne. — Autre 1704. Ecu parti de Lorraine et de Bar, demi-écu. — Autre, 1720. Ecu à la bande, quart d'écu. — Ens. 4 p. Arg. TB.

36 Autre 1711, demi teston. — 1728, quatre alérions. — S. d. 2 écus. Bill. — Pièces de LX, XXX, XV et XII denier., liards Ens. 10 p. Arg et bill. et 2 p. c.

37 *François III.* FRANC. III. D. G. DVX. LOT BAR. REX. IER. Buste lauré et cuirassé à dr. Au bas 1736. ℟. TV DOMINE. SPES. MEA. Ecu simple de Lorraine sur un cartouche couronné entre le sceptre et la main de justice et supporté par deux aigles. François d'or. FDC. Très rare.

38 Autre. ℟. Même lég. 1736. Ecu couronné, parti de Lorraine et de Bar. Arg. testons, 2 p Rare.

39 *Charles-Joseph de Lorraine* (Evêque d'Olmutz). Buste nu à dr. ℟. Ecu ovale sur une croix de Malte, 1701. Arg. Ecu thaler, TB. — Lég. variée. Arg. demi-écu, TB Ens 2 p.

40 **Metz**. *Charles le Simple*. Denier fr. à Metz. Arg. B. Rare.

41 *Thieri et Otton Ier*. Deniers au temple. 4 p.

42 *Adalbéron III.* Denier au Saint agenouillé. *Frédéric de Pluvoise*. Den. au buste. *Bertram* 2 p. Ens. 4 p. B.

43 *Jacques*, denier. Deniers anonymes de Mayenvic et de Marsal. *Adhémar de Monthil* Deniers 2 p. *Metz* 2 p. Ens. 8 p B.

44 *Thierry de Boppart*; gros. Arg. TB. Sixième de gros au buste. B. *Raoul de Coucy*. Petit gros. *Conrad Bayer de Boppard*. Gros de Marsal. AB. Rare. Douzième de gros. Ens. 5 p.

45 *Charles Ier*. Grand écu de 1558. Buste à dr. R. Le saint debout dans un double ovale. Argent, rare.

46 **Ville.** Florin au Saint-Etienne debout. Or. B.

47 Florin de 1624. Or. B. Rare.

48 Ecu ou thaler au Saint et à l'aigle. B. Ecu au buste du Saint. TB. — Ens. 2 p. Arg.

49 Gros ou fractions de l'écu. 10 p. B.

50 **Toul.** Merovingiens. TVLLO CIVITA. Buste à dr. ℟. DRUCTOALDVS MO. Croix. Triens. Or. TB.

51 *Gilles de Sorcy*, denier. *Conrad Probus. Thomas de Bourlémont*. Esterlins. 7 p. *Liverdun*. Den. — Ens. 10 p.

52 **Verdun.** Denier de *Lothaire II*. Arg. ébréché, rare.

53 *Thierri*, deniers et obole 6 p. *Richer*. Deniers d'Hatton Chatel et de Sampigny. Rare. —Ens. 9 p.

54 *Erric de Lorraine*. Florin d'or de 1610. Or. B. Rare. 1/16e de teston. — Ens. 2 p.

55 *Charles de Lorraine*. Florin d'or de 1612. B. rare.

56 Teston. Buste à dr. ℟. Ecu couronné. Arg. B. Rare.

57 **Neufchateau, Epinal**, etc., Mailles et deniers divers. Ens 29 p.

58 **Bar.** *Henri II*. Maille au cavalier attribuée à Henri II. Denier et obole. *Edouard*. Maille tierce, rare. Ensemble 5 p. B.

59 *Yolande de Flandre* (régente). + YOLANDIS. FLAD. COMITISSA. BARRANCIS. Ecu écartelé de Bar et de Flandre, sommé et accosté de couronnes, dans un quadrilobe. ℟. + BNDICTV. etc , et + MONETA. S. MICHAELIS. Croix cantonnée de 4 couronnes. Arg plaque. Rare.

60 *Robert*. Gros Tournois. Heaume. Gros à l'R couronnée. Ens. 3 p. B. et rares.

61 **Chateau-Renaud.** *François de Bourbon et Louise-Marguerite de Lorraine*, florin. Or. AB.

62 *Strasbourg*. 2 p. *Hanau-Lichtenberg*. 1 p. Ens. 3 p.

MÉDAILLES DE LORRAINE

63 *Charles III*. CAROLVS. DEI. G. CAL. LOTH. B. GEL. DVX. 1580. Buste cuirassé à dr. ℟. COELITVS. ORTA. HOMINI. PAX. TVTIOR. INCVBAT ARMIS. Femme couchée sous une nuée et tenant l'écu aux trois alérions. Médaille Arg. B. Très rare.

64 CAROLVS. CARD. DE. LOTHERINGIA 1555. Son buste à dr. en barette et manteau fourré. Etain, uniface.

65 *Charles IV*. La Renommée planant sur la ville, petite médaille à bélière, Arg. B. — Autre petite méd. trouée. Arg. — Ens. 2 p.

66 *Charles V*. IVNCTA. PIÆ. FORTIS. FORTIOR. Bras tenant une croix en regard d'un bras armé d'une épée transperçant une tête de turc. Arg. — Autre. Buste nu avec cuirasse et manteau. Arg. TB. Rare. Ensemble, 2 p.

67 CAR. V. D. G. LOTH. BARR. DVX. S. C. M. GENERALISS. Buste cuirassé avec jabot et perruque, à dr. ℟. SVRGET NOSTRIS EX OSSIBVS VLTOR. Au bas OB WELSI. 18 APR. A. 1690. Æ. 47. Phénix sortant d'un bûcher consumant des armes turques et françaises. Arg. B. Rare.

68 ELEONORÆ AVSTRIACÆ ET CAROLO LOTHARINGIO. Leurs bustes de face. ℟. Cippe surmonté d'une tête janiforme. De chaque côté du cippe, écus couronnés de Lorraine et d'Autriche. Arg. grande médaille fondue.

69 *Léopold I*. IBIT FAVOR DIVI LEOPOLDI INDVSTRIA BAVARI VI ET LOTHARINGI. Le duc armé de face dans un quadrige, suivi de captifs turcs. A droite, écu aux trois alérions. ℟. Aigle armé planant au-dessus de la ville de Bade assiégée et bombardée. Arg. médaille, B. et rare, de 1686.

70 *Charles-Henri de Lorraine*. Buste cuirassé à dr. ℟. Lion couronné debout, tenant une croix et des palmes. Arg. B. Rare. Le duc armé à cheval. C. jaune. *François*. FRANCISCVS, etc. Buste lauré. ℟. Son tombeau. C. rouge. —Ens. 1 p. arg. 2 p. c.

71 *Charles-Alexandre de Lorraine*, gouverneur des Pays-Bas. Buste cuirassé à dr. ℟, légende en 7 lignes. Arg. TB. — Même buste. ℟. Trois enfants dessinant. Arg TB. — *Caroline de Lorraine*. Buste à dr. ℟. Son tombeau. Arg. — Ens. 3 p. Arg.

72 *Louis XIV*. *Louis XV*. Méd. relatives à la Lorraine. 8 p. — 2 autres méd. Ens. 10 méd. Br. 41 m/m. TB.

73 *Le maréchal de Bassompierre.* FR. A. BASSOMPIERRE. FRANC : POLEM : GLIS. HELV. PRÆF. Buste en haut relief, avec dentelle et cuirasse. ℟. QVOD. NEQVENT TOT SIDERA. PRESTAT. Phare allumé sur une mer sillonnée de navires. Dans le ciel, des étoiles, au bas, 1633. C. jaune, bélière. B. et rare.

74 **Jetons**. Jetons de Lorraine, cuiv. 16 p. B.

75 *Louise de Lorraine.* 1580, cuiv. B. — Louise de Lorraine abbesse de Soissons. 1598, cuiv. B. rare. Ens. 2 p.

76 *Anne-Charlotte de Lorraine.* Jeton d'or. Buste de la Princesse. ℟. Son tombeau. FDC. Rare.

77 *Elisabeth-Charlotte d'Orléans.* Deux jetons. Arg. et cuiv. AB.

78 *Metz.* Jean de Tevalle, gouverneur. IEHAN DE TEVALLE. Ses armes dans un collier. ℟. DEO ET REGI. 1572. Trophée. Arg. TB. Rare.

79 Charles II de Lorraine. CAROL. A. LOTH. EPISCOP. METENSIS. Ecu de Lorraine surmonté d'une mitre et d'une crosse. ℟. TE DUCE VELA DABO. 1587. Navire guidé par le St-Esprit. Arg. TB. Rare.

80 Administration du siège vacant. Bérard, échevin de la ville en 1678. Ens. 2 p. cuivre B.

81 Louis Jeoffroy. Echevin en 1690. Ses armes. Arg. TB. et rare.

82 Pierre de Rissan. VIRIBVS ET ARMIS. 1696. Ses armes. Arg. TB.

83 — Le même. FERRO ET ROBORE SERVAT. 1698. Arg. TB.

84 — Le même. SECURITAS PUBLICA. 1700. Ses armes. Arg. TB.

85 Casimir Metz de Caumartin. Arg. et cuiv. 2 p. TB.

86 Le maréchal de Belle-Isle, gouverneur des trois évêchés. Son buste à g. Arg. TB.

87 *Nancy.* Jetons divers. Cuiv. 6 p.

88 *Verdun.* Nicolas Bousmard, évêque et comte de Verdun. Son buste à g. cuiv. B. Rare.

89 Erric. Son buste à dr. Jeton du bureau, cuiv. jaune B. — Ecu plein de Lorraine. ℟. Lampe sur les Evangiles ; cuiv. TB. Rare. Ens. 2 p.

90 *Louis de Lorraine* (Archev. de Reims). LUDOV. A. LOTH. ARCHIEP DUX RHEM. Armes de Lorraine. ℟. 1614. DEO REGIQVE SACRATUS. Couronne royale surmontée du chapeau de cardinal. Arg. TB. Rare.

91 Jeton de l'Université. 1736. Arg. TB.

92 Jetons divers. Arg. et cuiv. 10 p. B.

93 Divers. Canut — Louis et Angilberge — Charles II. Ens. 3 p. TB.

94 — Lot de monnaies royales, gros tournois, ecus etc. 10 p. TB.

95 — Lot de monnaies françaises et étrangères. Arg.

96 — Lot de médailles.

MONNAIES COLONIALES

97 *Colonies.* SIT NOMEN etc. Deux L en sautoir couronnés. ℟. COLONIES FRANÇOISES 1721. H. (Zay. 6. Hoff. 83) Br. TB.

98 Pièce de billon, contremarquée (en 1763) d'un C couronné — même contre marque sur flan lisse. 2 var. — Ens. 3 p. (Zay 22). Br. TB.

99 *Isles de France et de Bourbon.* 3 sols 1779 (Z. 24). 3 sous, 1781 (Z. 29). — CAYENNE. 2 sous 1789 (Z. 30). Ens. 3 p. Bill. TB.

100 *Isles du vent et sous le vent.* 2 sous 6 deniers 1789 (Z. 32 — H. 30). Billon. FDC.

101 *Isles de France et de Bourbon.* 3 sous surfrappés sur un billon Louis XV (var. de Z. 29). Bill. B.

102 *Cayenne.* 2 sous, 1789 (Z.30), Billon. Extrêmement belle.

103 — Même pièce en br. TB. 2 sous 1816. (Z. 33) Billon. Ens. 2 p.

104 — Même pièce en étain sur flan de double épaisseur TB. Essai.

105 — Même pièce en br. Extrêmement belle. Essai ?

106 — Variété de la précéd. Br. — *Isle de Bourbon.* 10 cent. 1816 (Z.34). Billon. — *Cochinchine* 1/5 de cent. 1879. Br. — Ens. 3 p. TB.

107 *Colonies.* Essai de Louis XVIII, 1824. Pièce de fantaisie. Cuiv. FDC.

108 *Guyane Française.* Marqué de 1818. Deux L enlacés. ℟. 10 cent .. etc., (Z.35). — Autre de 1846. L P sous une couronne. ℟. Le même (Z.53). Ens. 2 p. Billon. Extrêmement belles.

109 *Guyane.* (Essequibo et Demerary). Monnaie de nécessité fr. par le général Kersaint. Coupure ronde de piastre ; cannelée. En relief l'inscription ESD. 3. Bts. ℟. Lisse. Fonrobert p. 841, N° 7854. Arg. TB.

110 Coupure ronde de piastre. D entouré de 16 rayons. ℞. Lisse. Fonrob. p. 841. N° 7855. Arg. TB.

Cette pièce, attribuée à tort à la Guyane par Fonrobert, doit être classée à la *Dominique*.

111 Piastre espagnole, percé au centre, d'un trou circulaire dentelé, correspondant à la pièce précédente. Arg. TB.

112 *Nouvel Amsterdam.* Coupure formée d'un quart de gourde contremarquée en relief du chiffre 3. Tranche cannelée. Fonr. 7882. Arg. TB.

113 — Même pièce, légèrement variée. Arg. TB.

114 *Guatemala.* Coupure d'une piastre espagnole. Poids : 2 gr.80. Arg. TB.

115 *Dominique.* 1 sh. 1/2. Coupure circulaire pratiquée dans un écu constitutionnel de Louis XVI. Arg. TB.

116 *La Guadeloupe.* 20 sous (1811). G rayonnant frappé sur flan carré, dentelé, extrait du centre d'une gourde. (Z. 6). Arg. TB.

117 — La même pièce, légèrement variée, Arg. TB.

118 2 livres 5 sous. Quart de gourde percée, poinçonné aux deux angles d'un G couronné. (Z. 7.) Arg. TB.

119 — La même pièce légèrement variée. Arg. TB.

120 Jetons-monnaies. 1 gourde POINTE-A-PITRE. CDC enlacés. ℞. Cocotier, ballot, tonneau. (Z. 28). Br. TB. Très rare.

121 — Variété du précédent, en fonte de fer. T B. Très rare.

122 — Autre pièce de fonte quelque peu différente. TB. Rare.

123 Jeton de 1/2 gourde. Même type. ℞. Ancre, ballot, tonneau. (Z. 29). Br. Octog. TB. Très rare.

124 — La même pièce, en fonte de fer. TB. Rare.

125 — La même pièce en étain. TB. Rare.

126 Jeton de 1/4 gourde. Même type. ℞. Ancre, ballots, tonneau, coq. A l'arrière-plan, vaisseau et soleil. (Zay. 30). Br. TB. Très rare.

127 — Même pièce en fonte de fer. TB. Rare.

128 — Même pièce. TB. Rare.

129 *La Martinique.* 22 sols 6 den. (1797). Coupure formée du quart d'une demi-gourde. Arg. TB.

130 *Ste-Lucie.* 9 escalins (1813). Morceau central d'une gourde coupée en trois parties et contremarqué : STE-LUCIE. (Zay. 72). Arg. TB.

131 *Curaçao.* 1/4 de florin hollandais, contremarqué d'un C. Fonrobert N° 7776. Arg. TB. Rare.

132 *St-Martin.* Coupure triangulaire d'un 1/5 de piastre. En contremarque, un faisceau de flèches, et, dans un carré creux : ST-MARTIN. Arg. TB. Rare.

133 — 2 sols de Cayenne, contremarqués en relief de ST-M. dans un grenetis. Cuiv. TB.

134 *Saint-Domingue. Le Cap.* Escalin formé d'une coupure ronde de piastre espagnole, contremarquée en relief d'une ancre et d'un C enlacés et couronnés. Arg. TB. Poids : 2 gr. 35. *Tranche cannelée.* Inédite.

M. Zay n'a pas connu cette rare pièce, il n'a donné dans son ouvrage (page 223) que les documents qui s'y rapportent. Un exemplaire publié récemment avait la tranche *lisse.*

135 *Saint-Domingue.* Sol aux balances. RÉPUBLIQUE FRANÇAISE. Table des droits de l'homme, accostée d'une grappe et d'épis. Dessous, L'AN II. ℟. LIBERTÉ, ÉGALITÉ. Balances : dans couronne ; 1. 2. (Zay. 84). Cuiv. Rare.

136 — Pièce semblable, datée 1801. (Z. 85). Cuiv. Rare.

137 Monnaie de nécessité, fr. par les Espagnols (1814-22). Dans une couronne, la valeur 1/4 accosté de S—D. ℟. F. 7 sous une couronne. Cuivre. Rare.

138 *Tabago.* Pièce octog. taillée dans une piastre espagnole et contremarquée d'un T en creux (Z. 89). Arg. TB.

139 TB contremarqué en creux sur une pièce de 2 sous de Cayenne. Var. de Zay. Cuiv.

140 Pièce au C couronné contremarquée de TB. (Z. 91). — Deux autres pièces var. (Z. 92). Ens. 3 p. Cuiv.

141 — Deux autres pièces légèr. variées. Cuiv. TB.

142 *Ile de la Réunion.* 2 sols ; grande couronne. ℟. 9 fleurs de lis. Un sol ; même type. Zay. p. 259. Nos 1 et 2. Ens. 2 p. Cuiv. TB.

143 *Pondichéry.* Fanon ; couronne hindoue. ℟. 5 fleurs de lis. Zay. p. 275, no 8. Hoff. Louis XV, no 95. Arg. TB.

144 — Même pièce ; flan plus large. Arg. TB.

145 — Autre pièce, légèrement variée. Arg. TB.

146 Demi-fanon. Même type. Zay. page 275 no 9. Hoff. Louis XV no 96. Arg. TB.

147 — Variété de la précédente. Arg. TB.

148 Double fanon. Même type. Zay, p. 276, no 13. Hoff. Louis XV, no 92. Arg. TB.

149 — Variété de la pièce précédente. Arg. TB.

150 — Autre pièce au même type. Arg. TB.

151 Double fanon. Couronne. ℟. Coq à g., dessous la date 1837. Zay. p. 276, no 16. Arg. FDC.

152 — Autre exemplaire. Arg. TB.

153 Fanon. Même type. Zay. n° 17. Arg. TB.

154 — Autre exemplaire; lég. variété. B.

155 Doudou; fleur de lis. R̸. Lég. tamoule. 2 var. — Cache; même type. Zay. p. 278, nos 23 et 25. Hoff., 97, 98. Ens. 3 p. Cuiv. TB.

156 Cache. Coq à g. Dessous: 1836. R̸. Même lég. Zay. n° 26. 2 p. légèr. variées. Cuiv. TB.

157 Occupation hollandaise. Cache. Buste de face. R̸. Lég. tamoule. Zay, p, 279, n° 27. Cuiv. TB. Rare.

158 — Même pièce, légèr. variée. Cuiv. TB.

159 *Madras* DOUBLE FANAM. Dans le champ, lég. hindoue. R̸. Lég. hindoue. Arg. TB.

160 — Autre var. DOUBLE FANAM. Légendes hindoues. Arg. TB.

161 *Mahé.* Fanon. Légendes hindoues. Zay, page 289, n° 44. Arg. TB, Rare.

162 Biche. Cinq fleurs de lis. R̸. 1752. Zay, n° 45. Cuiv. TB.

163 — Même pièce, mais avec la date 1790, plus rare.

164 — Demi-biche 1753. Zay, n° 46. Cuiv. TB.

165 — Autre pièce, de 1769. Cuiv. TB.

166 *Madras.* Double fanam, avec la date: 1825. Arg. TB. — Cache, sans date. Cuiv. TB. Ens. 2 p.

167 *Ile Maurice.* Bon du Trésor, pour 50 sous, Billon d'arg. TB.

168 — Autre exemplaire. B.

169 25 sous. REÇU AU TRÉSOR. R̸. POUR 25 SOUS. Billon d'arg. TB.

170 Imitation de la pièce du 1/2 sol de la Révolution. Fr. à Saint-Domingue? Cuiv. TB.

171 Sol contremarqué en creux d'un R couronné. Cuiv. TB. (*La Réunion.*)

DIVERS

171 *bis Mayence.* SIÈGE DE MAYENCE MAI 1793 2 DE LA REP. FRANC. en creux. R̸. Lisse. Plomb. N'est pas dans Maillet.

171 *ter Maestricht*, assiégé par les Français 1794. URBE OBSESSA 1794. Dans le champ: 100 STRS. R̸. TRAIECTUM AD MOSAM. Etoile. Plomb. (M. 76, 15). Très rare.

172 Demi-écu Louis XIV, contremarqué au revers de l'étoile de Maestricht. Au-dessus, la date : 1704; dessous, la valeur. 50 ST et un poinçon formé de deux lettres enlacées. Arg: TB. Extrêmement rare, inconnu à Maillet.

172 *bis* Dresde. Révolution de 1849. Ecu et date. ℟. AUS DEN KUGELN DES KAMPFES ZU DRESDEN. Plomb. Rare.

172 *ter* Collection de monnaies chinoises en bronze, fixées sur 20 planchettes garnies de velours.

MÉDAILLES

173 *Prix de peinture* et de sculpture de l'Académie de Dijon. 1768. Femme casquée couronnant un marbre. Br. 38%.

173 *bis La Corse réunie à la France*, 1770. Grande médaille au buste de Louis XV. Br. 64%.

174 *Ecole de chirurgie*. 1774. Buste de Louis XVI à dr. ℟. AEDES ACADEMI ET SCHO CHIRURGO. Façade de l'Ecole. A l'ex. : REGIA MUNIFICENTIA INCHOAT MDCCLXX ABSOL MDCCLXXIV. Br. 60%. Rare.

175 *Troyes reçoit la dignité de ville de premier ordre*. Buste couronné du roi. ℟. Légende en 9 lignes. 1775. Br. 41%.

176 *Hospice fondé par Nicolas Beaujon*. 1784. Buste de Louis XVI à dr. ℟. Légende en 9 lignes. Br. 41%.

177 *Claude Martin (né à Lyon)*. LABORE ET CONSTANTIA. Buste de Cl. Martin à dr. ℟. Inscription arabe et la date 1211 (de l'hégire). Arg. 43%. Rare.

178 *Clichés :* Robespierre et Renaud; Abandon des privilèges. La Rochefoucauld; Unité, indivisibilité. *La Bastille*. ℟. *1789*. Métal de cl. ? Ens. 5 p.

179 *Adrien Tellier*. Son buste à g. ℟. Inscript. en 12 lignes. Méd. de Palloy, patriote. (Trésor num. 55. 11). Etain. 41%.

180 *Tribunaux*. REPUBLIQUE FRANÇAISE. Tables de la constitution de l'an 3. ℟. DÉPARTEMENT DE LA SEINE. Dans le champ : TRIBUNAUX CIVIL ET CRIMINEL. (Trés. num. 58.6). Br. doré. 47%.

181 *Consulat et Empire*. Prix de l'Ecole de Sorèze (1796). La Liberté assise à dr. montrant à un enfant les tables de la constitution. (Trésor. Num. 62. 7). Arg. 35%. Très rare.

182 ITALICUS. Buste de Bonaparte à g. ℟. IMPERIUM FELIX LEGATO BUONAPARTE RASTADII MDCCXCVIII, dans une couronne. (N'est pas dans le Trésor de Num.) Arg. 40%. Très rare.

183 Rouen. LIBERTÉ ÉGALITÉ. ℟. MUNICIPALITÉ DE ROUEN. Dans le champ : POMPIER ; dessous, en creux, le chiffre 50. (Très. Num. 71.8) Br. 41 m/m. Très rare.

184 Georges III. Son buste dans un médaillon tenu par un ange. ℟. PRESERVED FROM ASSASSINATION MAY 15 1800. Couronne sous des rayons. Arg. 38 m/m.

185 GRAND MAITRE DE L'UNIVERSITÉ IMPÉRIALE. Aigle éployé tenant une palme. ℟. lisse. (Très Num. 25.3). Etain 72 m/m, sous verre.

186 Buste lauré de Napoléon à dr. par Droz. ℟. A PIERRE VIGNON OFFICIER DE LA LÉGION D'HONNEUR PRÉSIDENT DU TRIBUNAL DE COMMERCE LES NOTABLES COMMERÇANTS DE PARIS MDCCCX dans une couronne de chêne. (Trésor. 46.6). Br. 68 m/m.

187 LOYAL ET SUR. Lion passant à dr. ℟. VILLE DE SEURRE. 1813. Dans le champ : N° Cuivre 36 m/m. Très rare.

188 CORRIERE DELLA REPUBLICCA. LIGURE. Ecu dans une couronne. Sans revers. Insigne ovale, 50×58. Br. arg[te]. Extrem. rare (manque au Trés. Num.)

189 Génie debout à g., gravant un nom sur une colonne. ℟. DÉCERNÉ PAR LA SOCIÉTÉ DES ARTS DE GENÈVE, dans une couronne. Arg. 47 m/m.

190 N° 24, dans un cercle. ℟. SERVICE DU CANAL DE DIJON. Dans le champ : SURETÉ CÉLÉRITÉ N° 24. Gravé en creux. Cuivre. 46 m/m. Belière.

191 NAPOLEONI EMPER DI FRANC ET ROI D'ITALIE. L'Empereur à cheval à g. ℟. LA VALEUR ET LA VICTOIRE. Minerve. Etain 50 m/m. Boîte, contenant un dépliant formé de 24 gravures en couleur. Rare.

192 Maestricht. Prix de la Société des amis des sciences lettres et arts. Br. 38 m/m.

193 *Dijon*. Méd. gravée en creux, décernée par la Société d'Assurances mutuelles à M. Quittard, pour son dévouement lors d'un incendie. 1830. Arg. 41 m/m. Belière.

194 *Insigne de la loge écossaise de simplicité constance F∴.* 1830. Etoile et rayons. Arg. Belière.

195 La Persévérance. Or∴. de Vienne 1837. Triangle rayonnant, attributs divers. Arg. Belière.

196 Loge de bienfaisance et amitié. G. dans un triangle rayonnant. Arg. Belière.

197 Solidarité or∴. de Givors. Arg. 34 m/m. Belière.

198 *Sauvetage*. Médaille gravée en creux offerte par le capitaine du schooner York, à Vieillard, marin à Rouen, pour avoir sauvé son fils. Inscriptions anglaises. Arg. 41 m/m Belière.

199 Médaille au buste de Louis-Philippe décernée par le Ministère de l'intérieur à Tranchand, pour acte de dévouement. Arg. 52%. Bélière.

200 Méd. au buste de Louis-Philippe, décernée par le ministère de l'Intérieur à Ordonneau, pour acte de dévouement. 1845. Arg. 38%.

201 — Même type et même sujet. Arg. 27%. Bélière.

202 *Fulchiron, député du Rhône.* 1845. Son buste à g. ℟. SES CONCITOYENS RECONNAISSANTS, dans une couronne, dessous : LYON. Br. 56%.

203 *Hopitaux civils de Lyon.* Bustes accolés de Childebert et Ultrogothe. ℟. CONSEIL CENTRAL D'ADMINISTRATION DES HOPITAUX CIVILS DE LYON. 1845. Ecu dans un cartouche. Arg. 56%. Rare.

204 *Or.·. de Lyon.* Union et confiance. Insigne en br. doré. 40%.

205 *Vaccine* : Esculape protégeant Vénus; à l'ex : LA VACCINE MDCCCIV. ℟. MINISTÈRE DE L'AGRICULTURE ET DU COMMERCE. Dans une couronne : A Mr ALLIER DOCTEUR EN MÉDECINE A MARCIGNY (SAONE-ET-LOIRE) 1848. Arg. 41%.

206 —Même type ℟. MINISTÈRE DE L'AGRICULTURE DU COMMERCE ET DES TRAVAUX PUBLICS. Dans une couronne : Mme RENAUD, SAGE-FEMME A BOURG (AIN) 1858. Arg. 41%.

207 Buste d'Hippocrate à dr. ℟. SAONE ET LOIRE. SERVICE MEDICAL GRATUIT, et dans le champ : M. ALLIER 1849-50 ; le tout dans une couronne. Arg. 50%.

208 *Inauguration du chemin de fer de Lyon à Genève.* 1858. Locomotive ornée de drapeaux. ℟. Ecu de Genève. Br. 48%.

209 *Société de Secours mutuels.* A ANT. A VARISSE TÉMOIGNAGE DE GRATITUDE LYON V. JUILLET MDCCCLXIII. Br. 50%.

210 *Choléra.* Tête laurée de Napoléon III à g. dans une couronne. ℟. A M. BERNARDINI ANTOINE. M. CHIRURGIEN DE LA MARINE DE 3e CLASSE EPIDÉMIE CHOLÉRIQUE 1865. Arg. 31%. Bélière. Très rare.

211 VISITE DE L'EMPEREUR NAPOLÉON III A L'HOTEL-DIEU. ÉPIDÉMIE DE MDCCCLXV. L'Empereur au chevet d'un malade. ℟. VISITE DE L'IMPÉRATRICE EUGÉNIE A L'HOSPICE BEAUJON. ÉPIDÉMIE DE MDCCCLXV. Belle méd. de Borrel. Br. 75%. Rare.

212 Tête laurée de Napoléon III à dr. ℟. GOUVERNEMENT GÉNÉRAL DE L'ALGÉRIE. Dans une couronne : A Mr CÉZANNE (JEAN-A.) SOLDAT CHOLÉRA 1867-68. Br. 57%. Très rare.

213 *Insigne de la Soc. Fr. de secours aux blessés 1870-71.* Croix Br. avec belière et ruban.

214 *Insigne de la Société des Sauveteurs de l'Oise*. Tête de la République. Arg. 31 %. Belière.

215 *Société italienne de secours mutuels à Marseille*. Armes d'Italie. ℟. FONDATO L'ANNO 1777 etc. Dans le champ : N° 703 BALBI NATALE, en creux. Arg. 31 %. Belière.

216 *Vaccine*. PROPAGATION DE LA VACCINE. Vache dans une couronne. ℟. DÉPARTEMENT DE LA GIRONDE Dans le champ, en creux : A Mme AREN SAGE-FEMME A BORDEAUX 1876. Arg. 41 %.

217 — Méd. semblable décernée à la même en 1884. Arg. 36 %.

218 Tête de la République à dr. ℟. MINISTÈRE DE L'AGRICULTURE ET DU COMMERCE. Dans une couronne : Mr LOUTREIN, ÉLEVE DE LA FACULTÉ DE MONTPELLIER. ÉPIDÉMIES 1877. Arg. 51 %.

219 *O.·. de Besançon*. La sincérité parfaite et la constante amitié réunies. Phénix sur un bûcher. ℟. Inscription en creux, 1879. Arg. 51 %.

220 *Révision partielle de la Constitution* 1884. Tête de la République par Chaplain. Méd. au nom de *Bartoli* (en creux). Br. 73 %. Ecrin.

JETONS

221 **Jetons royaux**. *Philippe V* (Giraud Gaite de Clermont trésorier de) + PAR. AMOVRS. SVI. DONES. BE. Ecu à ses armes (trois têtes de loup posées 2 et 1), entouré de trois arcs de cercle et de trois angles alternés. ℟. + PAR AMOVRS. SVI. DOVNE. BEIN. Ecu parti de France et Evreux, dans un même entourage. C. beau, mais percé, très rare.

222 *Charles IV*. CORONE. SVINOVMEERS. Couronne, dessous : K, le tout dans un épicycloïde. ℟. CE SONT LES GIETOERS. Croix fleurdelisée. Cuiv. TB.

223 *François II dauphin*. FRANCISCVS DALPHINVS. VIENENSIS. Ecu couronné, écartelé de France et Dauphiné. Au bas 1547. ℟. INTER..... EXORIOR. Plant de lis s'élevant d'un champ fleuri, entre le soleil et la lune. C. jaune.

224 *Henri II*. INITIVM. SAPIENTIE. TIMOR. DNI. 1555. Grand H couronné, accosté de deux guivres milanaises, et placé sur deux dauphins adossés. ℟. NON. NOBIS. DNE. SED. NOMINI. TVO. DA. GLORIAM. Trophée d'armes antiques, surmonté de la couronne royale. C. jaune, rare.

225 O. MATER. DEI. MEMENTO. M. Trois croissants entrelacés sous la couronne royale, accostés en haut de 2-H, au bas de

2 K. ℟. AVE·: MARIA : GRATIA : PLENA : HS. Croix à triple nervure, fleuronnée et cantonnée de 4 croissants. C. beau et rare.

226 *Jeton de la vénerie.* Grand lis évidé et plein de hachures. ℟. Rencontre de cerf. Cuivre rouge, b. et rare.

227 *Louis XV.* Sacre à Reims, 1722. Buste du roi à dr. Arg. TB.

228 — Même type. Petit module. Arg. TB.

229 **Reines et princesses de France.** *Marguerite de France* +GARDES. DE. FAILR. FETS. P'. Ecu parti de Flandre et de France. ℟. AVE-MAR-IAG-RAC. Croix fleurdelisée coupant la légende et cantonnée de 4 lis. C. TB. et très rare.

230 *Clémence de Hongrie* + CE SONT : LES GETOIRS. Croix à triple nervure, fleuronnée, cantonnée de croissants et entourée de 4 arcs de cercle. ℟. + DES : QTES : LA : ROINNE. Ecu parti de France et Hongrie dans un entourage de six lobes. Cuivre, beau et très rare.

231 *Jeanne de France* + AVE. MARIA. GRACIA. PLENA. D. Ecu parti d'Evreux et de Navarre dans un entourage de 6 arcs de cercle. ℟. + PATER. NOSTER. QVI. ES. IN. Croix fleurdelisée, évidée en quadrilobe arqué, portant un lis en cœur. C. TB. Inédit.

232 + ARMS. A. REI. NORL. ET. PO°. Même écu d'Evreux-Navarre dans le même entourage. ℟. AVE-MAR-GAR-PLA. Croix fleurdelisée et évidée, coupant la légende et renfermant un lis, cantonnée de 4 lions. C. rouge. B. et inédit.

233 *Jeanne de Bourgogne* + CETS°-FARM°-°IITCAR°. Ecu parti de France et Bourgogne ancien. ℟. + GETES : CONTES : SOVMES : BEIN. Croix à triple nervure fleuronnée, entourée de 4 arcs de cercle cantonnés de 4 annelets. C. jaune, t. beau. Très rare.

234 *Blanche de Navarre* + IE : SVI : DE : LAITON. Ecu parti de France et de Navarre. ℟. + CONTE SEVREMENT. Petite croix à branches égales, terminée par des Ω et cantonnée de 2 traits bouletés dans chaque canton. Cuivre. TB., variété inédite.

235 *Jeanne de Bourbon.* (*tour*) IEHANE : DE : BOVRBO : DOAIRIERE : DE : BOVRBO. Ecu parti de la Tour d'Auvergne et de France-Evreux, couronné et accosté de C en monogrammes. ℟. (*tour*) ET. DAVVERGNE (*fleuron*) ET (*fleuron*) BARON (*fleuron*) DE. LA. TOVR. Champ semé de lis. C. jaune. B. très rare.

236 *Marguerite de France et Catherine de Médicis.* MARGVERITE. DE FRANCE. FILLE. DV. ROY. Ecu losangé et couronné de France, entouré d'une cordelière. ℟. KATHERINE. DAVL-

PHINE. DE. VIENNOYS. Grand écu parti de Dauphiné et de Médicis, à nombreux quartiers. C. jaune. B. très rare.

237 *Catherine de Médicis, dauphine.* CATHERINA. DELPHINA BRITA. DVCIS. Ecu parti de France et de Médicis, eux-mêmes écartelés. ℞. + CONFVNDANTVR. ET. NON. CONFVNDAR. Rouet. C. rouge. TB. et rare.

238 *Catherine de Médicis.* CATHARINA. D. G. FRANCOR. REGIN. Ecu couronné, parti de France et de Médicis écartelé. ℞. ARDOREM. EXTINCTA. TESTANTVR. VIVERE. FLAMMA. Larmes tombant du ciel sur des fumées s'élevant du sol. Arg. beau et rare.

239 Le même jeton. C. jaune. Beau et rare. — CATERINA. DEI. GRA. REGINA. FRACIE. Même écu. ℞. 1554. Arc-en-ciel au-dessus d'un paysage. C. jaune, rare. Ens. 2 p.

240 *Catherine et Henri II* POVR. PARVENIR. IE. LABEVRE. Grand monogramme formé d'un H et de deux K ; au-dessus, écu ovale de France couronné, ℞. SOLI. DEO. HONOR. ET. GLORIA. Carquois et arc en sautoir, noués de bandelettes. Audessus, 3 croissants entrelacés, surmontés d'une couronne. C. jaune. TB. et très rare.

241 *Marie-Adelaïde de Savoie.* Ecus mariés de France et de Savoie, dans un cartouche surmonté d'une couronne de fils de France ; autour, une guirlande octogonale. ℞. Grand monogramme composé des lettres M.A.D.S. sous une couronne semblable et dans une même guirlande. Au bas du monogramme, 1706. Arg. Octogone. TB et très rare.

242 *Marie de Médicis.* MARIA DEI GRA FRANC ET NAVA REG. Ecu couronné. ℞. IVNONIS. AB. VBERE. CRESCVNT. Lis et étoiles. A l'ex. : 1610. Arg. TB. Rare.

243 *Marie Leczinska.* 1751. Son buste. ℞. Arbuste. Arg. TB.

244 **Particuliers.** *De Senecterre du Puy.* A. DE. SENECTERRE. DV. PVY. Ecu renfermant 5 fuseaux, surmonté d'une couronne de comte, sommée d'une mitre et d'une crosse abbatiale. ℞. PATET. FALLATIA. TANDEM. Archimède retirant la couronne d'Hiéron de son bain, au bas, 1580. C. jaune, troué. Très rare.

245 *Charles de Lorraine.* * CHARLES. D LOR. DVC. D. GVISE PAIR. D. FRAN. Grand écu de Lorraine, couronné et soutenu par deux aigles, posé sur l'ancre du grand amiral. ℞. MVLTITVDO PRINCIPVM. CORONÆ. STABILIMET, 1613. Trois personnages soutenant la couronne royale. C. jaune, beau et rare.

246 *Gaston de France.* * GASTON. FRE. VNIQ. DV. ROY. VSVF. DE. LA SO. D. D. Ecu couronné d'Orléans entouré des deux colliers. ℞. + ET* CENSVI*ET*SVMPTVI*, 1634. Balance. C. rouge.

247 *Gaston de France.* * GASTON DE FRANCE ONCLE VNIQVE DV ROY. Ecu d'Orléans couronne entouré des colliers des ordres. ℟. IN VRAMQVE PARATVS, 1645. Couronne d'olivier et couronne de laurier entrelacées. Arg. TB. et rare.

248 *Charles-Auguste de Matignon.* Ecu écartelé de Matignon et de France, sur le tout, de Matignon. Casque et lambrequins. ℟. ANIMIS ILLABERE NOSTRIS. 1653. Le Saint Esprit descendant du ciel, environné de flammes. C. TB. Très rare.

249 *La nourrice du dauphin.* Ecu ovale, coupé de deux lis en chef, et de deux dauphins adossés. Sur le tout, une couronne royale, dans un cartouche casqué, sommé d'un pélican et orné de lambrequins. ℟. Grand monogramme sous une couronne de fleurs. C. rouge, octogone. TB.

250 *De Couhé de Lusignan et de la Roche Saint-André de Couhé son épouse.* Leurs écus mariés dans un large cartouche, sommé d'une couronne. ℟. La fée Mélusine issant d'une cuve. Au bas 1708. C. jaune, octogone. B. Très rare.

251 *Le duc du Maine.* LOUIS AUG. DE BOURBON DUC DU MAYNE Gd Me DE L'ARTrie Buste à longs cheveux, armé, à dr. ℟. RUET OMNIA LATE. A l'exergue ARTILLERIE, 1709 Canon tonnant à g., sous un souffle céleste. Arg. beau et rare.

252 *Nicolas Desmaretz.* NICOLAUS DESMARETZ REGNI ADMINISTER. Son buste à longue perruque à dr. ℟. GENERALIS ÆRARII MODERATOR. Armes dans un cartouche couronné, supporté par deux licornes. Au bas : 1712. C. jaune, beau.

253 *Philippe d'Orléans, régent.* PHILIP. DUX. AUREL. FR. ET. NAV. REGENS. Son buste en longue perruque à dr. signé D. V. ℟. LVD. XV. D.G. FR. ET NAV. REX. Buste lauré et drapé de l'enfant roi à dr., signé J. R. Arg. TB. et rare.

254 *Le Vasseur.* LE VASSEVR RUE DAUPHINE, 1720. Damier. ℟. Dans le champ LE VASSEUR 1720, ornement en haut et en bas, le tout dans une guirlande de forme octogonale. C. jaune, octog. rare.

255 *Ulric Frédéric Cte de Lowendahl.* maréchal de France, membre de l'Académie des Sciences de Paris. EX VICTORE DECUS, 1745. S P Q O. Ecu dans un cartouche. ℟. Ecu sur un trophée de drapeaux et de canons. Arg. TB. Très rare.

256 *Le Doyen Baron.* HY THEOD BARON DECANUS. Son buste en perruque, drapé, à dr. ℟. URBI ET ORBI SALVS. A l'exergue : FACULT. MEDIC. PARIS, 1754. Les armes de la Faculté dans un cartouche ovale. C. rouge, TB.

257 *Le marquis d'Entragues.* Ecu ovale à 6 quartiers, posé sur un piédouche, couronné et soutenu par deux griffons. ℟. En 4 lignes : JETTON DE Mr LE MARQUIS DENTRAGUES. En haut et en bas, un fleuron. Argent, octogone. TB.

258 *Henri-Jacques Nompar de Caumont-la-Force et Anne-Marie de Beuzelin-Rosmalet.* Grand monogramme dans un écu, entouré d'un manteau avec la couronne ducale. ℟. Les deux écus mariés, dans un manteau sous la même couronne. C. rouge, octogone. TB.

259 *François de Bonzi.* Cardinal évêque de Béziers. VICTRIX SAPIENTIA FORTVNÆ. Ses armes. ℟. COMITIA OCCITANIÆ. Ecu du Languedoc. Arg. TB. Très rare.

260 — Même jeton en cuivre. TB. Rare.

261 *St-Mauris-Montbarey (Franche-Comté).* AL. MA. EL. PRINCE DE St-MAURIS MONTBAREY M[l] DES C[ps] CH[er] DES ORD[s] DU ROY MIN. ET SEC[re] D'ÉTAT AU DEP[t] DE LA GUERRE F. P. THAIS DE MAILLY NESLE PRINCESSE DE MONTBAREY, 1778. ℟. Leurs deux écus accolés dans un cartouche. Octog. Cuiv. TB. Rare.

262 **Paris.** CIVIVS. AD. ASPECTVM. STVPET. HOSTIS. Buste de Louis XIV. ℟. DE LA PREVOSTE DE Mre AVGVSTE ROBERT DE POMEREV. Ecu de Paris. A l'ex. : 1678. Arg. TB. Très rare.

263 *2e prévoté de M. de Fourcy.* Ses armes. ℟. IAM REDDITVR INTEGER ORBI, 1687. Soleil éclairant la terre. Arg. TB.

264 **Corporations.** *Epiciers Apothicaires.* 1710. Armes des Epiciers. ℟. Armes des apothicaires. Arg. TB.

265 *Monnayeurs.* DANT PRETIUM. Presse monétaire. A l'ex. : MONNOYEURS DE LA MONN. DE PARIS, 1756. ℟. DANT PONDUS. Balance, limes, etc. A l'ex. : AJUSTEURS DE LA MONNOYE DE PARIS 1756. Arg. TB.

266 **Divers.** *Deniers pour épouser.* 4 p. variées. Arg. TB.

267 *Syndics généraux des Rentes.* Tête de Louis XIV. ℟. ASPECTU SOLVITUR. Soleil et nuages ; au-dessous, à l'ex. : SINDICS GENERAUX DES RENTES, 1707. Arg. TB. Rare.

268 *Trésor Royal.* 1720. Buste de Louis XV. ℟. Le Nil. Arg. TB.

269 *Commissaires du Châtelet*, 1723. DU DOYENNÉ DE M. DELAMARE. Ses armes. ℟. Vue du Châtelet. Cuiv. TB.

270 *Colonies Française de l'Amérique.* Buste de Louis XV, à dr. ℟. NON INFERIORA METALLIS. Castors au travail. A l'ex. : COL. FRANC. DE L'AM., 1754. Arg. Très rare.

271 *Ordre de Saint-Louis.* Saint Louis deb. Arg. TB.

272 *Académie royale de Marine.* Buste de Louis XVI ℟. Vaisseau. A l'ex. : ACADÉMIE ROYALE DE MARINE, 1769. Arg. TB.

273 **Révolution et Empire.** Buste d'Hippocrate. ℟. SOCIETAS MED. PAR'S INSTIT. 22 MART 1796, dans une couronne. (Très. num. 59.1.) Octog. Arg. B.

274 *Société des Arts de Genève.* 1797. Octog. Arg. TB.

275 *Commissaires-Priseurs.* COMM^RES-PRISEU^RS VENDEURS A PARIS. ℞. LOI DU 27 VENTOSE AN IX, dans une couronne (Trés. num. 84,11.) Octog. Arg. Rare. T. B.

276 *Légion d'honneur.* Tête de l'empereur à dr. ℞. Insigne de l'ordre. Br. Rare. T. B.

277 *Genève.* Société pour l'avancement des arts. Octog. Arg. T. B.

278 *Olivier de Serres.* Son buste à dr. par Droz. ℞. SOCIÉTÉ D'AGRICULTURE DU DÉPARTEMENT DE LA SEINE. (Trés. num. 23.4.) Arg. TB. Belière.

279 *Tir.* SEINE-ET-OISE. Aigle éployé à g. Dessous : CORBEIL MDCCCX. ℞. AMATEURS DE LA CIBLE. PRIX. Fusils en croix dans une couronne. (Trésor num. 47-10.) Arg. TB. Rare.

280 *Marchands de vin.* Tête de Napoléon Ier à dr. ℞. COMMERCE DE VIN DE LA VILLE DE PARIS. Raisins dans une couronne. Dessous : FORMATION DU I J^r 1811. (Trésor n. 40.1.) Oct. Arg.

281 Divers. *Pont, gare, port de Grenelle.* Buste de Charles X. Oct. Arg. TB.

282 *Défense nationale*, 1870 71. Soldat deb. ℞. ARDÈCHE, EURE, LANDES, LOIRE-INFÉRIEURE, etc. Petite méd. Arg. TB.

283 *Lyon.* Lion à g. Dessous : MDCCCLXIX. ℞. SOCIÉTÉ DES AGENTS GÉNÉRAUX D'ASSURANCES DE LYON. Oct. Arg. TB.

284 *Calvados.* Ecu. Dessous : DEX AIE. ℞. DEPARTEMENT DU CALVADOS. Au centre : HYGIENE PUBLIQUE. Arg. TB.

285 **Jetons maçonniques.** *O .·. de Paris.* Loge du point parfait 1760. Cuiv. TB.

286 LUMEN DE LUMINE. Œil dans un triangle. ℞. SI FODIERIS INUENIES. Main, soleil, etc. A l'ex. : L E.D S.A.O.D.P. Cuiv. TB.

287 *Loge des Amis de la paix*, 1789. Cuiv. TB.

288 *O .·. de St-Quentin.* LOGE DE LA PHILANTROPIE A L'O DE St-QUENTIN 5799. Personnage deb. devant un autel. ℞. ÉTERNITÉ, CONSTANCE. Ruche et attributs divers (Trésor n. 75.13). Arg. B.

289 *Elèves de Minerve.* ▭ DES ELEVES DE MINERVE. Bouclier dans une couronne. ℞. ILLOS AD VERAM LUCEM SAPIENTIA DUCIT. 5801. Compas et équerre dans un cercle d'étoiles. (Trés. n. 88.10.) Br. TB.

290 *Paris.* LOGE DE LA TRINITÉ, O .·. DE PARIS 5802. G sur une étoile et dans un cercle d'étoiles. ℞. Autel entre deux colonnes. (Trésor num. 93.14). Arg. TB.

291 *Loge de la Parfaite réunion.* G sur une étoile dans une couronne. ℟. Soleil dans un triangle et attributs divers. (Trésor num. 99.8.) Arg. TB. Rare.

292 *Loge du Phénix.* Phénix sur un autel. 1804. (Trés. num. pl. 6 nº 9.) Cuiv. TB.

293 *Grand Orient de France*, 1806 (T. n. 17.2.) *Commandeurs du Mont-Thabor*, 1807. (T. n. 24.4.) 2 p. Cuiv. TB.

294 *O .·. de Rouen.* Loge des arts réunis. 5808. Minerve devant un temple. (Trésor num. 30.17.) Arg. TB.

295 LA MORT MÊME NE L'EN A PAS SÉPARÉ. Lierre autour d'un arbre desséché. ℟. Autel et triangle rayonnant. A l'ex. : CÉLESTE AMITIÉ O .·. DE ROUEN. Oct. Arg. TB.

296 *Sept Ecossais réunis*, 1809 (T. n. 37. 1.) *L'Union parfaite de la Persévérance*, 1813 (T. n. 57.6.) Ens. 2 p. Cuiv. TB.

297 *O .·. de Douai.* La Parfaite Union, 1802. CO·SOCIARE AMAT. Femme assise. (T. n. 93.12.) Arg. TB.

298 — 1803. Type analogue. (T. n. 96.7.) Cuiv. TB.

299 *O .·. de Rheims.* Loge de la Sincérité, 1804. Arg. TB.

300 *O .·. du Havre.* Loge des HHH, 1812. (T. n. 58. 10.) Cuiv. TB.

301 *Valenciennes.* CHARITAS NOS VOCAT. Saint Jean. ℟. Compas, équerre, étoiles. Cuiv. TB.

302 *Grand Orient.* AB ILLO LUX ET ROBUR. Temple. Dessous : G.·.O.·.F.·. ℟. OMNIBUS UNUS. Soleil dans un cercle. Arg. TB. Rare.

MONNAIES ANTIQUES

303 *Métaponte, Tarente, Néapolis.* Did. Arg. 4 p. B.

304 *Agathoclès, Syracuse.* Tétrad. Arg. 2 p.

305 *Thrace.* Lysimaque. Tête idéalisée d'Alexandre le Grand. Tétrad. Arg. 2 p. B.

306 — La même pièce. Arg. TB.

307 — La même pièce. Arg. TB.

308 — Deux autres pièces. Symboles variés. Arg. B.

309 *Macédoine.* Tête de Diane sur le bouclier. Tétr. Arg. TB. Percé. — Aesillas, questeur. Tétr. Arg. Ens. 2 p.

310 Thasos, femme et satyre. Statère archaïque. Arg. TB.

311 Alexandre le Grand. Tétrad. fr. à Rhodes. Drachme. — Ens. 2 p. Arg. TB.

312 Antigone Doson. Tête de Neptune à dr. ℞. Figure assise sur une proue sur laquelle on lit : ΒΑΣΙΛΣΩΣ ΑΝΤΙΓΟΝΟΥ· Tétr. Arg. B. Rare.

313 Demetrius Poliorcètes. Tête cornue à dr. ℞. ΒΑΣΙΛΕΩΣ ΔΗΜΗΤΡΙΟΥ· Jupiter assis à g. Arg. TB. Rare.

314 Antigone Gonatas. Tête sur un bouclier, tétr. arg.

315 Persée. Tête laurée et barbue à dr. ℞. ΒΑΣΙΛΕΩΣ ΠΕΡΣΕΩΣ Aigle sur un foudre dans une couronne de feuillages. Tétr. Arg. TB. Rare.

316 *Corcyre.* Vache allaitant son veau. Statères. 4 p. B.

317 *Thessalie-Larissa.* Arg. 3 p. B. et AB.

318 *Béotie.* Thèbes. Bouclier. ℞. Amphore. Statères 2 p. TB et divisions 2 p. Ens. 4 p.

319 *Athènes.* Tête casquée à dr. ℞. Aigle sur un diota. Tétr. Arg. B.

320 *Egine.* Tortue de mer. Statère. Arg. B.

321 *Corinthe.* Tête casquée. ℞. Pegase. Arg. did. 2 p. B. et divisions. — *Sycione.* 4 p. Ens. 9 p.

322 *Bythinie.* Prusias. Tête laurée et barbue à dr. ℞. ΒΑΣΙΛΕΩΣ ΠΡΟΥΣΙΟΥ· Jupiter debout tenant un sceptre et une couronne. Tétr. Arg. TB.

323 *Pergame.* Atale roi. Tête à dr. ℞. Pallas assise à g. Tétr. Arg. 2 p.

324 *Cyme.* Tête jeune à dr. ℞. ΚΥΜΑΙΩΝ, cheval à dr. Tétr. Arg. 2 p.

325 *Myrina.* Tête d'Apollon à dr. ℞. ΜΥRΙΝΑΙΩΝ, femme debout à dr. dans une couronne de lauriers. Tétr. Arg. TB.

326 *Carie.* Cnide. Protome de lion. ℞. Tête à dr. Statère. — 2 autres p. Ens. 3 p. B.

327 Pixodare. Tête des trois quarts de face. ℞. ΡΙΕΩΔΑΡΟ· Jupiter debout, didr. Arg. TB.

328 Rhodes. Tête de face. ℞. Rose, didr. et divisions. Arg. 11 p. la plupart B.

329 *Lycie.* Partie antérieure de sanglier à dr. ℞. Carré creux, statère. Arg. TB. Rare.

330 *Pamphylie.* Syde. Tête de Pallas à dr. ℞. ΚΛΕΥΧ· Victoire allant à dr. et tenant une couronne, tétr, Arg. 2 p. TB.

331 *Cilicie.* Datame. Tête casquée à dr. Légende. ℞. Tête de nymphe de face. Arg. Statère. TB.

332 — Tête casquée à dr. — Tête casquée à g. Même revers. Statères. Arg. 2 p.

333 — Baal-Tars assis à dr. R̸. Datame assis à dr. Statère. Arg. B.

334 — Baal-Tars assis à dr. R̸. Deux divinités debout devant un temple. Statère. Arg. B.

335 *Syrie*. Seleucus Ier. Drachme. — Antiochus Ier. Tétr. B. Ens. Arg. 2 p.

336 Antiochus III. Tétradrachme. Arg.

337 Seleucus IV. Tétrad. Arg. 3 p. B. et TB.

338 Demetrius Ier Soter. Tétr. et dr. Arg. 2 p. AB.

339 Antiochus VI. Drachme et demi-drachme. — Antiochus VII, didr. — Ens. 3 p. Arg.

340 Philippe. Tétrad. Arg. TB.

341 *Seleucie*. Tête tourellée à dr. R̸. Foudre sur un trône dans une couronne de lauriers. Arg. Tétr. B. Rare.

342 *Tyr*. Didrachme. Arg. B.

343 *Phenicie*. Alexandre le Grand. Tétrad. à légende bilingue. Arg. TB.

344 *Egypte*. Ptolémée. Tétradrachmes. Arg. 23 p. B. TB. et FDC. (A diviser).

345 Alexandre Aegus. Tétradr. Arg. TB.

346 — Autre tétrad. fr. probablement avec le nom de Ptolémée (la légende est fruste). — Autre. R̸. Jupiter assis; fruste. Ens. 2 p.

347 Arsinoé, décadrachme. Buste à dr. derrière, la lettre E. R̸. ΑΡΣΙΝΟΗΣ ΦΙΛΑΔΕΛΦΟΥ. Double corne d'abondance. Arg. TB. Joli style mais le coin fendillé.

348 *Cyrénaïque*. Didrachmes. Tête à g. B. — Tête à dr. Fruste. — Ens. 2 p.

349 *Barcé*. ΒΑΡ. Tête d'Amour à dr. R̸. Sylphium. Arg.[6]. Rare, l'avers B, le revers fruste.

350 **Divers**. Lot de 29 monn. grecques Arg.

351 Monn. romaines. Arg. 15 p. B.

352 Claude. Julia Titi. Caracalla, quinaire. Ens. 3. p. B. Rares.

353 Ecus divers et divisions. Arg. 6 p. B. — Monnaie d'or espagnole. — Ens. 7 p.

354 *Maximilien Ier, Charles Quint et Ferdinand*. Leurs bustes accolés. R̸. ARCHID. AVST. DV. BVRG. HUNG. BO. DAL CRO. Double aigle pièce de cinq ducats. Or B. trouée. Rare.

355 *Monnaies antiques*. Monnaies Consulaires. 5 p. Arg. TB.

356 — Antia. Sesterce. Bab. 4. Arg. B. Très rare.

357 — Pedania. Tête de la Liberté. ℞. Trophée. Bab. 42. Arg. TB. Rare.

358 — Pomponia. Tête de Jupiter. ℞. POMPONI. Aigle Bab. 23. Arg. TB. Rare.

359 Marc-Antoine et Octave Den. Arg. B. et TB. 2 p. — Marc-Ant. Quinaire Coh. 82. Arg. B. Ens. 3 p.

360 Auguste. Galère Coh. 94. Quinaires. Arg, 2 p. B. Rares.

361 — Coh. 61 et 115. Arg. 2 p. TB.

362 —.Coh. 129, 123 et 141. 3 p. Arg. TB.

363 — Monétaire Carisia. Coh. 405. Arg. TB. Rare.

364 Domitien. Quinaire. Coh. 325. Arg. TB.

365 Matidie. Coh. 10. Arg. Denier AB.

366 Deniers, billons et bronze, 20 p. B.

367 Moy. Br. : Néron, Claude, Drusus, Tibère, Antonin (deux restitutions) 5 p. Très belles.

368 Elagabale. GB. fr. à Tyr. TB. — Macrin. M B. Coh : 107. TB. Rare. Ens. 2 p.

369 Valentinien II. Sou d'or. TB.

370 *Monnaies Carolingiennes*. Charles le Chauve fr. à Orléans. Louis III fr. à Tours, Charles le Simple fr. à Strasbourg. Ens. 3 p. B.

371 *Monnaies Royales*. Hugues Capet fr. à Beauvais, den. B.

372 Jean le Bon, franc à cheval. Or. TB.

373 Louis XI. Ecu à la couronne fr. à Perpignan Or. TB.

374 Louis XIII. Demi-Ecu d'or. H. 3. Or TB.

375 — Louis d'or 1643, fr. à Paris. Or TB.

376 Louis XIV, Louis XV, République etc. Ecus et divisions 8 p. Arg. TB.

377 — Ecus divers. Arg. 4 p. B.

378 Louis XVIII, 40 fr. 1818. Lille. Or TB.

379 Monnaies de bronze. Jetons Arg. etc., 21 p.

380 Philippe II, fr. en Sicile. — Salsbourg, 2 demi-écus. Arg. TB.

381 *Monnaies Antiques*. Byzance, Ptolemée. Ens. 2 p. Arg. B et TB.

382 Vespasien et Lucille, 2 p. Arg. FCD.

383 Crispine. MB. Denier arg. Ens. 2 p.

384 Maxime. Den. Arg. FDC. (collection Bizot).

385 Marius. Numérien. PB. 2 p.

386 Magnia Urbica, PB. Dioclétien. Arg. — Ens. 2 p. B et TB.

387 *Louis XVI et Révolution*. Monnaies d'arg. 16 p.

388 Un lot de monnaies de bronze.

389 Un lot de médailles, 17 p. Br.

390 *Louis XVIII*. Monnaies et médailles. Arg. et Br.

391 Médailles concernant *Henri V*. Arg. Br. et Etain.

392 *Charles X*. Monnaies et médailles. Arg. et Br.

393 *Louis-Philippe*. Monnaies et méd. Arg. et Br.

394 *République de 1848 et divers*. Un lot. Arg. Br. et Etain.

395 Médailler en chêne, composé de 10 tiroirs, avec cartons et fermant à clef.

396 Un lot de cartons à médailles.

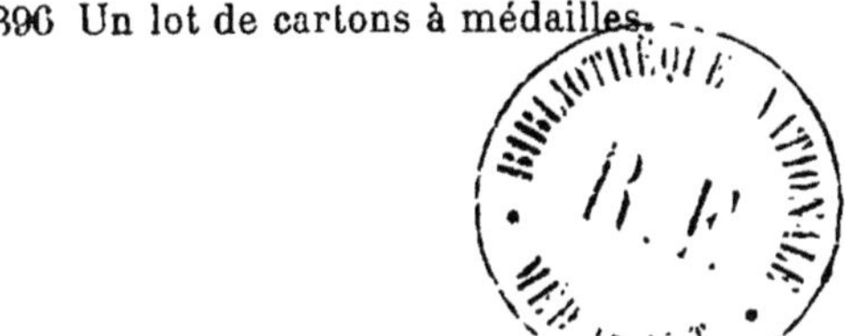

Imp. C. CHAUFOUR, 8-10, rue Milton, Paris.

www.ingramcontent.com/pod-product-compliance
Ingram Content Group UK Ltd.
Pitfield, Milton Keynes, MK11 3LW, UK
UKHW020225180726
13838UKWH00005B/2201

9 782329 390314